Dagmar Schmidt / Freya Jaffke

Gestalten mit farbiger Wolle

Werkbücher für Kinder, Eltern und Erzieher

Heft 12

Herausgegeben von der
Internationalen Vereinigung der Waldorfkindergärten

Dagmar Schmidt / Freya Jaffke

Gestalten mit farbiger Wolle

Verlag Freies Geistesleben

Die Deutsche Bibliothek – CIP-Einheitsaufnahme

Schmidt, Dagmar / Jaffke, Freya:
Gestalten mit farbiger Wolle /
Dagmar Schmidt / Freya Jaffke. – 4. Aufl. –
Stuttgart: Verlag Freies Geistesleben, 1996
(Werkbücher für Kinder, Eltern und Erzieher; H. 12)
ISBN 3-7725-1192-9
NE: GT

4. Auflage 1996
Fotos von Wolpert und Strehle, Fotodesign, Stuttgart
© 1993 Verlag Freies Geistesleben GmbH, Stuttgart
Druck: Offizin Chr. Scheufele, Stuttgart

Inhalt

Vorwort

Seit vielen Jahren sind die Märchenbilder aus ungesponnener Wolle ein fester Bestandteil des Martini-Marktes der Tübinger Waldorfschule. Es wurden im Laufe der Zeit reiche Erfahrungen gesammelt und in Kursen an interessierte Menschen weitergegeben. Die Frage nach einer Anleitung in Form eines Büchleins und nach weiteren einführenden Kursen in die Kunst des Märchenbilderlegens tritt immer wieder an uns heran. Hier soll versucht werden, diesem Bedürfnis entgegenzukommen und auch Menschen anzusprechen, denen Bilder solcher Art noch ganz unbekannt sind. Ebenso ist denjenigen, die schon Wollbilder angefertigt haben, sicherlich die eine oder andere Anregung willkommen. Es handelt sich hierbei zunächst um differenzierter ausgestaltete Arbeiten von Erwachsenen, nicht um einfache, wie man sie mit Kindern legt, die immer wieder verändert werden. Darauf wird am Ende dieser Ausführungen eingegangen.

Da ich als Handarbeitslehrerin nur wenig Einblick in die Kindergartenarbeit habe, aber weiß, daß auch dort mit farbiger Wolle gearbeitet wird, bin ich dankbar, daß sich die Zusammenarbeit mit Freya Jaffke ergab. Ihre Erfahrungen mit farbiger Wolle, die sie im Reutlinger Waldorfkindergarten gemacht hat, können als Anregung für Eltern und Erzieher hilfreich sein. Mit ihnen möge jeder – inmitten einer Kinderschar – den eigenen Weg in dieses schöpferische Tun hinein finden.

Dezember 1992   Dagmar Schmidt

Dagmar Schmidt

Gestalten mit farbiger Wolle

Einleitung

Das Bezaubernde der Märchen-Wollbilder liegt wohl in den weichen, offenlassenden Formen und den zarten, aber doch lebendigen Farbschattierungen, die sich durch die Schichttechnik erzielen lassen. Besonders pflanzengefärbte Wolle eignet sich vortrefflich für unsere Zwecke. Selbst ein kräftiger Farbton bleibt in sich lebendig und läßt den Betrachter frei. Beim Selbstgestalten eines Bildes werden die Unterschiede zwischen chemischen Farben und Pflanzenfarben deutlich erlebbar. Man braucht auf chemisch gefärbte Wolle nicht zu verzichten. Kräftige Farben, richtig dosiert, können ein Bild beleben. Durch ihre Eigenschaft hilft pflanzengefärbte Wolle gerade Kindern, sowohl beim Selbergestalten wie auch beim Betrachten eines Bildes, ein feines Farbempfinden zu entwickeln. Das gilt natürlich genauso für den Erwachsenen. Wenn er sich auf Farbe und Material einläßt, wird er bemerken, wie sie ihm bei der Gestaltung entgegenkommen. Indem er sich zu öffnen versucht, die allzu festen Vorstellungen überwindet und nach dem fragt, was aus den Farben und Strukturen heraus entstehen möchte, gelingen ganz unerwartete Akzente, ergeben sich schöne, lebensvolle Details, die sich dann herausgestalten lassen und Form annehmen.

Der bisher beschriebene Weg ist natürlich einer von vielen. Er hat sich mir in langjährigem Umgang mit der Wolle so ergeben und zu einer nahezu plastischen Wirkung der Bildgestaltung geführt. Selbstverständlich kann man auch dünner und flächenhafter arbeiten, wie es z.B. am Titelbild (Froschkönig) sichtbar wird.

Die Materialien

Zur Unterlage

Als Unterlage zum Auftragen der Wolle eignen sich festere Wollstoffe oder Filz, überhaupt rauhe Gewebe, an denen etwas haften bleibt, z.B. auch Sackleinen. Diese Textilien kann man mit einer harten Bürste eventuell noch weiter aufrauhen. Empfehlenswert ist jedoch, daß das zugrundeliegende Material die richtige Farbe für das gewählte Motiv hat. – Für ein Sterntalerbild kann sich Mittel- oder Dunkelblau eignen, denn es ist Nacht. Die zwölf Feen, die Dornröschens Wiege umstehen, brauchen einen hellen, warmen Hintergrund, in diesem Falle ist es ein Beigeton. Schließlich ließe sich ein Rumpelstilzchen auf rotem Filz gut darstellen, wie es

11

Stroh zu Gold spinnt. Die Farbe sollte aber nicht «vorlaut» sein.

Bis das Bild fertig ist, werden die Wollschichten oft so dicht, daß von dem Untergrund kaum noch etwas zu sehen ist oder er an bestimmten Stellen nur zart durchschimmert. Dennoch ist es ein Unterschied, ob die richtig gewählte Farbe beim Gestalten in die entsprechende Stimmung führen kann und die weitere farbliche Komposition erleichtert, oder ob man gegen einen falschen Grundton «ankämpfen» muß.

Zur Wolle

Ungesponnene Wolle gibt es in verschiedenen Qualitäten. Einerseits sind pflanzengefärbte und chemisch gefärbte Wolle zu unterscheiden, andererseits gibt es auch Unterschiede in der Beschaffenheit der Fasern. Milchschafwolle ist wohl die beste. Im allgemeinen wird kardierte, d.h. gekämmte, langfaserige Wolle bevorzugt, die man ganz fein und gleichmäßig auseinanderzupfen kann (keine strähnige Wolle). Damit lassen sich größere Flächen gut gestalten, und sie ist am leichtesten zu verarbeiten. Aber auch kurzfaserige Wolle oder Wolle, die schlecht gekämmt ist und Knötchen hat, kann zwischendurch Verwendung finden.

12 Es kommt immer darauf an, was dargestellt wird. Selbst gekräuselte Wolle kann man gebrauchen.

Ideal ist ein möglichst vielseitiger Vorrat an Farbtönen und Sorten. Mindestens aber sollten von den acht bis zehn Hauptfarben zwei, besser drei Nuancen zur Auswahl bereitliegen. Zu den Farben rot, orange, gelb, grün, blau, braun, violett, rosa gehört auch beige, das sich für Gesichter, Hände usw. eignet, und rohweiß.

Es gibt farblich bunt zusammengestellte Sortimente, in kleinen und größeren Mengen abgepackt, zu kaufen. Einige Bezugsquellen werden im Anhang genannt. Nach unserer Erfahrung werden Blau-, Grün-, Gelbtöne bei Märchenbildern mehr gebraucht als Rot-, Rosa-, Orangetöne. Das heißt, von diesen Farben sollte mehr Wolle vorhanden sein, z.B. für Waldszenen, Himmel, Hinter- und Untergrund.

Zum Anfertigen des Wollbildes benötigen wir:

Filz-, Rupfen- oder Wollstoffunterlage
farbige, ungesponnene Wolle
Bügeleisen oder Dampfbügeleisen
glattes Papier (am besten Seidenpapier)
zwei Rundhölzer, etwas länger als die Bildbreite, eines davon an beiden Seiten durchbohrt, zum Aufhängen
Stopfnadel
Wollfaden

Die Technik des Wollbildlegens

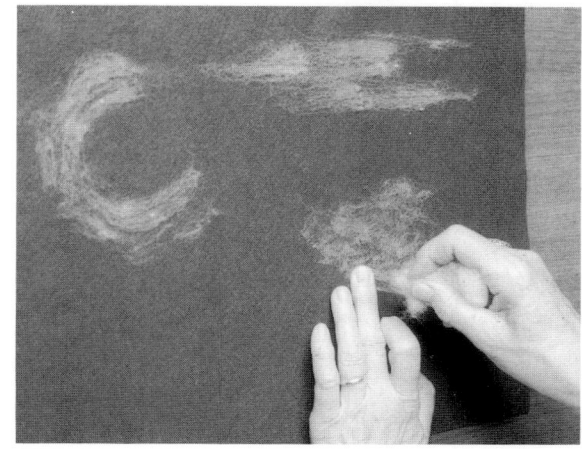

Nun sei der Versuch gemacht, die Technik des Wollbildlegens zu beschreiben. – Den Betrachter, der die Wollbilder zum erstenmal sieht, interessiert zunächst immer besonders, wie die Wolle auf der Unterlage hält, ohne geklebt oder genäht zu sein.

Wir erreichen das dadurch, daß wir die Wolle in ganz feinen, dünnen Schichten auftragen, die sich dann aufgrund der Faserbeschaffenheit ineinander verhaken. Dieses geschieht so stark, daß man das gesamte Bild, wenn es fertig ist, von seiner Unterlage lösen könnte, ohne es wesentlich zu beschädigen.

Bild 1
Bild 2

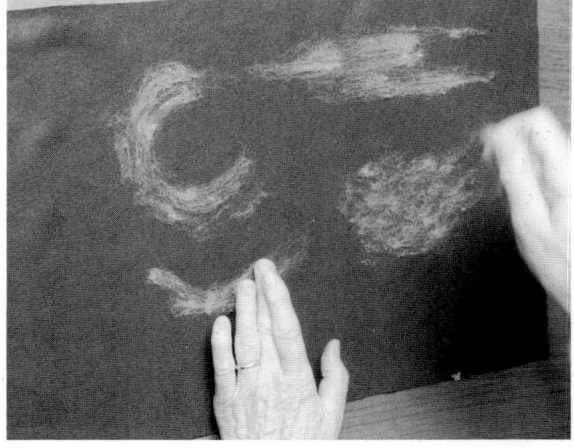

Beginnen wir also mit dem Bild: Das zu beschichtende Material, Filz oder Stoff, liegt auf einer harten glatten Fläche, z.B. einem Tisch. Wir nehmen ein Bäuschchen entsprechender Wolle, halten es an die Unterlage, drücken einen Zipfel mit der einen Hand (oder mit ein, zwei Fingern) an und ziehen mit der anderen Hand in die gewünschte Richtung, immer etwas Wolle freigebend, ähnlich wie beim Spinnen (siehe auch Kapitel Bildgestaltung c). Nebenstehende Fotoreihe, Bilder 1 bis 4, zeigt diesen Vorgang.

13

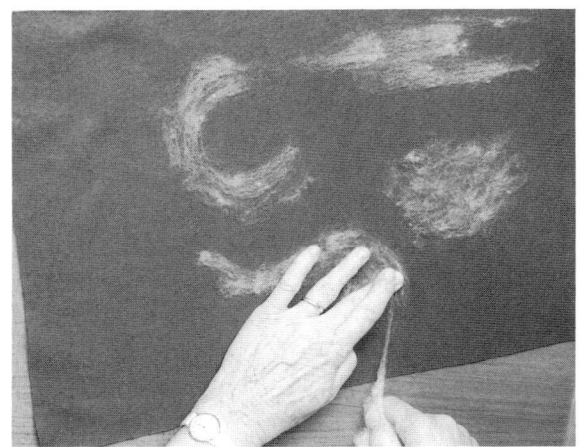

Stelle ich z.B. den Schäfer dar (Bildreihe 5 bis 8), so lege ich zunächst etwas Wolle, die den Kopf andeutet, dünn auf den Filz. Dann drücke ich am Hals von dem Wollebausch einen Zipfel auf den Filz und ziehe ihn mit der anderen Hand nach unten, so daß eine erste feine Schicht liegen bleibt. Diesen Vorgang des Auflegens, Andrückens und Ziehens wiederhole ich so oft, bis der Schäfer Gestalt annimmt.

Bild 3

Bild 4

Bild 5

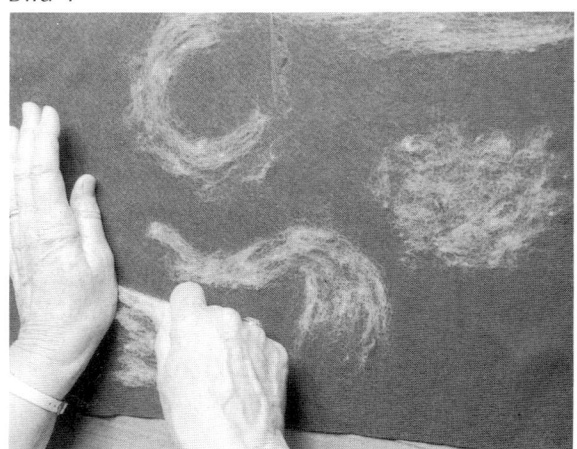

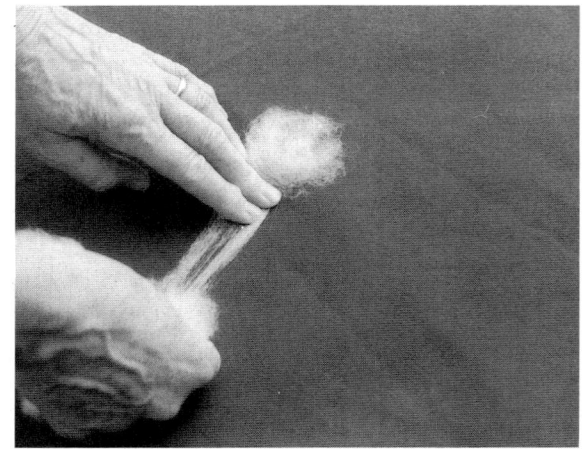

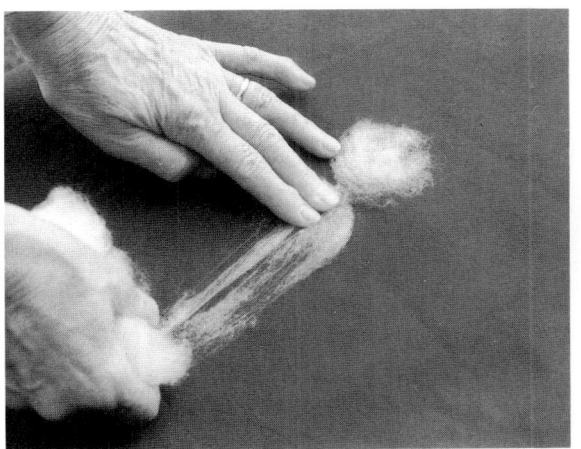

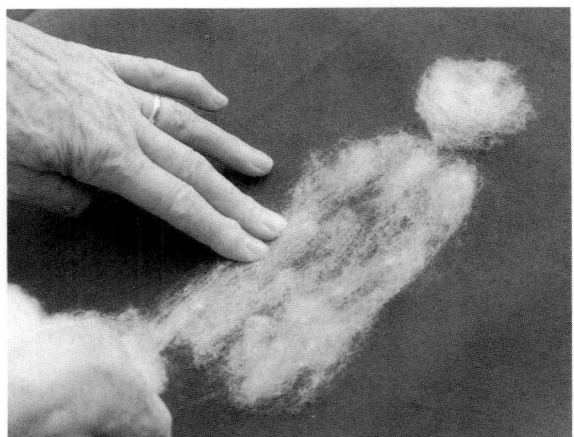

Bild 6
Bild 7

Bild 8

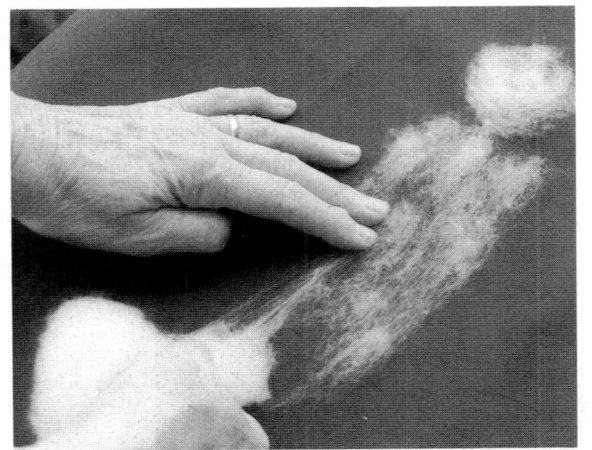

Auf diese Weise bedecken wir nach und nach die ganze Fläche, dabei die Komposition des Bildes schon zart andeutend. So wird eine feine Schicht auf die andere aufgetragen und etwas angedrückt. Es ist ratsam, Einzelheiten zu Beginn nicht zu weit auszugestalten, sondern das gesamte Bild zu berücksichtigen und langsam wachsen zu lassen.

15

Wenn die Wollschicht an manchen Stellen sehr dick geworden ist und wir trotzdem noch weitere Farben auflegen möchten, halten wir das Dampfbügeleisen darüber oder legen ein dünnes Papier auf, dann ein feuchtes Tuch und benützen das Normalbügeleisen. Dadurch verfilzt die Wolle, wird flacher, und man kann falsche Konturen direkt nach dem Dämpfen leicht korrigieren. Wischen und radieren wie beim Malen und Zeichnen ist hier nicht notwendig. Es kann jederzeit Wolle weggenommen oder anders gelegt werden. Ja, oft hilft ein kleiner Druck mit dem Finger in die eine oder andere Richtung, und das Ganze bekommt ein verändertes Aussehen. Sind wir so weit gekommen, daß wir unser Werk als gelungen und fertig erachten, so dämpfen wir noch einmal, jetzt zuerst die Rückseite. Dazu legen wir die Bildseite auf einen Bogen Papier, an dem die Wolle nicht hängen bleibt, und halten das Eisen nur leicht darüber (nicht aufstellen). Danach dämpfen wir die Vorderseite mit Fingerspitzengefühl. Das heißt, das Eisen sollte nur an bestimmten Stellen leicht aufgestellt, ansonsten dicht darübergehalten werden. Auf diese Weise können wir die Plastik der Gestalten, der Bäume usw., die sich schon beim Schichten der Wolle ergeben hat, leicht hervorheben. Noch einmal soll betont werden, daß zum Gelingen

wesentlich beiträgt, wenn man die einzelnen Wollschichten so dünn wie möglich auflegt, bis zum Schluß! Das wird von Anfängern oft zu wenig beachtet.

Wollen wir ein übriges tun, so können wir die schon in sich verfilzte Bildschicht von hinten mit langen Stichen an die Unterlage heften. Die einzelnen Stiche sind so klein wie möglich, nur gerade zum Festhalten der Wolle, auch nicht ganz durchgestochen und 5 cm auseinander, ähnlich wie beim Nähen eines unsichtbaren Saumes.

Wir befestigen und verstärken unsere Wollbilder oben und unten mit Rundstäben, Tonkingrohr oder selbstgesuchten Stöcken und haben gleichzeitig eine bessere Aufhängemöglichkeit. Zum Annähen daran mit einem Wollfaden (in der Farbe passend zum Bild) und nicht zu engen Stichen kann man die Bildschicht am oberen und unteren Rand leicht lösen und hinterher wieder andrücken.

Einen festen Rahmen und Glas verwenden wir nicht, weil damit der Reiz des Materials verloren geht. – Die Wolle schluckt viel Licht; deshalb sollte das Bild an heller Stelle aufgehängt werden. Es wirkt am schönsten mit Seitenlicht.

Allgemeines zur Bildgestaltung und praktische Vorschläge

Hat man sich einmal mit dem Wollbildlegen angefreundet, werden sicher weitere Bilder folgen. Auf diese Weise bleibt auch nicht immer das gleiche Motiv hängen, sondern es kann entsprechend der Jahres- und Festeszeiten gewechselt werden. – Bei Märchenbildern muß man sich ohnehin fragen, ob die Darstellung einer Szene in der kindlichen Vorstellung allzusehr fixiert werden darf, anstatt immer wieder in innerlicher, phantasievoller Lebendigkeit aktiviert zu werden. Dieser Forderung kommt die lockere Wolle entgegen. Feste Konturen widersprechen ihrer Eigenschaft. Mit leblosen Gegenständen (z.B. Stuhl, Tisch, Haus) gehen wir sehr behutsam um und beschränken uns auf Andeutungen. Hingegen Gesten von Mensch und Tier können gut und differenziert dargestellt werden. Stimmungen lassen sich farblich zum Ausdruck bringen, auch Zwiegespräche zwischen den verschiedenen Wesen, also «Dinge», die nicht eigentlich äußerlich greifbar sind.

Worauf achten wir nun beim Gestalten?

a) Wenn die Möglichkeit besteht, sollte ein Wollbild grundsätzlich bei Tageslicht begonnen werden, da die künstliche Beleuchtung die Farben verändert.

b) Die Unterlage, auf der die Wolle aufgebracht wird, muß groß genug sein. Ein Sterntalerkind kommt mit einer kleineren Fläche (30 x 40 cm) aus (s. S. 24 ff.). Wollen wir mehrere Personen, Tiere, Feen, Zwerge darstellen, empfiehlt sich eine Fläche von mindestens 45 x 55 cm, damit man groß genug arbeiten kann.

c) Die Wolle wird beim Auftragen so gezogen oder gezupft, daß unterschiedliche Strukturen entstehen, z.B. stehendes Wasser waagerecht, fließendes Wasser in entsprechender Richtung, evtl. wellig, ein Baum, so wie er wächst, von der Wurzel in die Verzweigung, der Himmel je nach Stimmung, ruhig waagerecht, wolkig oder mit Sonne nach allen Seiten strahlend.

d) Man sollte die Hauptszene möglichst groß, gut erkennbar darstellen, die Umgebung nur andeutend offen lassen und mehr aus der Farbe heraus gestalten (siehe die 12 Feen, S. 21 ff. oder Waldhintergrund).

e) Menschliche Gesichter sollten möglichst nicht in Einzelheiten dargestellt werden.

f) Will man eine größere einfarbige Fläche lebendiger bekommen, so grundiert man mit bunten Farben, deren Helligkeitsgrade nicht zu unterschiedlich sind, und legt dann erst eine einheitliche Farbe darüber, so daß die bunte Wolle leicht durchschimmert (siehe Aschenputtel).

Alle guten Ratschläge ersetzen die eigene Praxis nicht. Während der Beschäftigung mit dem Material kann jeder seine Erfahrungen machen. – Beim Schichten der feinen Wollagen erlebt man die Unterschiede zwischen hell auf dunkel und dunkel auf hell. Auch ist es nicht gleichgültig, ob das Licht von der einen oder anderen Seite einfällt. Sogar die Wolle selbst wirft Schatten bei senkrecht auftreffendem Licht, wenn die Unterlage hell ist. Wo das störend wirkt, wird geraten, den hellen Untergrund vorweg mit ähnlich farbiger Wolle zu bedecken.

Ein Bild wirkt ausgewogen, wenn alle Grundfarben darin enthalten sind, was aber nicht heißen muß, daß es immer möglichst bunt werden soll. Auf blauer Farbe läßt sich erfahrungsgemäß gut gestalten.

Die Pflege

Ein Wollbild hält bei entsprechender Pflege viele Jahre. Zunächst achte man darauf, daß es nicht im Durchzug hängt, denn sonst löst sich allmählich die Wolle von ihrem Untergrund. Man wird es von Zeit zu Zeit daraufhin beobachten und mit der flachen Hand leicht in Richtung nach oben andrücken. Auf keinen Fall läßt man es herumflattern, und für Kleinkinderhände sollte es nicht erreichbar sein.

Unter Umständen muß die Wolle gegen Motten geschützt werden. In einem hellen, luftigen Raum hängend ist sie weniger gefährdet. Kleine Scheiben von Zedern- oder Wacholderholz dahinter angebracht reichen aus. Soll das Bild längere Zeit fortgelegt werden, eignen sich Lavendelöl zum Verdunsten, Lavendelblüten oder Wucherblume pulverisiert. Beide Mittel sind natürliche Produkte und vertreiben die Motten durch ihren Geruch. Letzteres ist in Apotheken erhältlich.

Zum Aufbewahren legt man das Wollbild mit Seidenpapier abgedeckt zwischen zwei Pappen oder um eine nicht zu enge Bilderrolle herum und verpackt es gut. In beiden Fällen wird es nach längerem Liegen flachgedrückt sein. Mit wenigen Handgriffen läßt sich aber der ursprüngliche Zustand wieder herstellen. Verschobenes rückt man zurecht, vorher Erhabenes zieht man vorsichtig nach vorne.

Wollbilder mit und von Kindern gemacht

Fertigt ein Erwachsener im Beisein von Kindern ein Wollbild an, so wollen diese sicher gerne das gleiche tun, ob sie drei oder acht Jahre alt sind. Man wird ihnen ebenfalls Filz oder Entsprechendes geben: kleinen Kindern ein kleineres, überschaubares Stück, großen Kindern ein größeres. Von der farbigen Wolle überläßt man ihnen zunächst nur die Hauptfarben, damit sie von der Vielfalt nicht überwältigt werden. Die Kleinen sind durch das Vorbild angeregt und ahmen die Tätigkeit des Geübteren gerne nach. Sie legen dann die Wolle auf ihre Weise: selbständig, bunt, geordnet oder nicht und bedecken so ihren Filz. Sie haben einfach Freude daran, daß sie dasselbe tun dürfen wie der Erwachsene. Natürlich entwickeln sie nicht die gleiche Ausdauer und sind wesentlich schneller fertig.

Ich erlebte einmal ein fünfjähriges Mädchen, das umständehalber bei einem Kurs für Mütter dabei war. Die freudige Hingabe der Erwachsenen an ihre schöpferische Tätigkeit übertrug sich auf das Kind. Mit großer Ausdauer legte es sein buntes Wollbild und entwickelte dabei ein bewundernswürdiges Geschick in der Technik des Wolleauftragens. Es entstand ein farbig harmonisches kleines Werk, keine Bilddarstellung. Größere Kinder gestalten schon bewußter und richten sich unter Umständen danach, wie der Erwachsene ein Motiv anlegt oder eine Stimmung gestaltet. Phantasiebegabte Kinder werden allerdings bald eigenständig schaffen. Man gibt ihnen in Abständen weitere Farben dazu, je nach Bedürfnis. Die Bilder dürfen einfach bleiben.

Nachdem wir in den ersten Handarbeitsstunden den Schulanfängern auf verschiedene Weise die Wolle nähergebracht haben, können wir mit ihnen auch gemeinsam ein größeres Wollbild legen. Als Thema eignet sich der Schäfer mit seiner Herde besonders gut. – Jedes Kind hatte schon vorher eine Hand voll gewaschener, aber ungekämmter Wolle vorsichtig auseinandergezupft und ein Schäfchen geformt. Nun darf es dieses auf den Filz legen, auf dem schon ein Schäfer (von der Lehrerin angefertigt) darauf wartet. Dieses Schäfchen ist u.U. recht einfach, die Kinder entwickeln aber genügend Phantasie, um es zu erkennen. Auch bei Sternen, Wolken, Wiese usw. können alle beteiligt sein, und so entsteht in gemeinsamer Arbeit ein schönes Bild. In dieser hingebungsvollen Tätigkeit werden die Kinder gleichzeitig geschickt bis in die Fingerspitzen. Auf ein perfektes, sichtbares Ergebnis kommt es nicht so sehr an. Man wird

19

solch ein Bild nicht zu lange hängen lassen, denn das Kind will gute Vorbilder haben, denen es nacheifern kann. Das ist bei kindlichen, weil noch unvollkommenen Darstellungen nicht möglich.

Will ich als Erwachsener im Beisein von Kindern ein Wollbild gestalten, so daß sie den ganzen Werdegang miterleben können, so bin ich ja zeitlich gebunden und kann auch nicht meine volle Aufmerksamkeit auf diese Tätigkeit richten. Ich werde mich also auf einfache, charakteristische Formen und Farben beschränken. Die Wolle wird in diesem Fall nicht so fein geschichtet, sondern etwas dicker aufgelegt. Das macht es wiederum leichter, das Bild nach einiger Zeit verschwinden und mit der Wolle ein neues entstehen zu lassen. In Gegenwart von Kindern wird man es nicht zerzupfen, sondern liebevoll auflösen und die einzelnen Farben zu weiterem Gebrauch sortieren.

Wollbild von Kinderhand gelegt

Bilder mit Texten

1. Die zwölf Feen (Dornröschen, Grimm)

Auf beigem Untergrund wird zunächst mit zwölf angedeuteten Köpfen der Kreis bestimmt, in dem die Feen um die Wiege stehen, sodann die Farbreihenfolge der Gewänder angelegt, ohne sie gleich den einzelnen Feen zuzuordnen, also mit fließenden Übergängen, Farbe und Form offenhaltend. Nachdem auch Königin, König und Wiege angedeutet sind, wird der ganze umgebende Hinter- und Vordergrund locker und dünn mit Wolle belegt, so daß die Filzunterlage gleichmäßig bedeckt ist.

1. Stufe von
Die zwölf Feen

21

Nach einem prüfenden Blick, ob die Einteilung der Bildfläche «stimmt», können die Farben durch mehrfaches Schichten intensiviert werden, zuerst bei den mehr hintenstehenden Feen (gelb, grün, blau); bei den vornestehenden (rot, rosa) zieht man die Wolle von unten nach oben, damit ein sauberer Abschluß entsteht. Gesichter und Haare werden differenziert, Königin, König und Wiege kräftiger hervorgeholt. Anschließend erfolgt die farbige Gestaltung der übrigen Fläche. – Wieder ein Blick aufs Ganze! Wenn die Komposition in Farbe und Form zufriedenstellt, nehmen wir die letzte feine Ausgestaltung vor: Bei den Gewändern helfen uns die verschiedenen Nuancen des Grundfarbtones, einen Faltenwurf leicht anzudeuten. Den Haaren geben wir eine endgültige klare und gefällige Struktur. König und Königin erhalten Kronen und einige Feen Arme und Hände. Dabei werden die Hände leicht vorgeformt und dann aufgelegt.

22

2. Stufe von Die zwölf Feen

3. Stufe von Die zwölf Feen

2. Sterntaler (Grimm)

Das Sterntalerbild wird auf Dunkelblau gearbeitet, es ist ja ausdrücklich «schon dunkel». Solch ein Motiv eignet sich für Ungeübte als Anfangsbild. Das Geschehen bildet den Mittelpunkt des Bildes. Der Wald braucht nur angedeutet zu werden, d.h. es muß nicht jeder Baumstamm mit allen Ästen von unten bis oben dargestellt sein. Auch hier soll der Phantasie des Betrachters noch Raum zur eigenen Ergänzung bleiben. – Unter Umständen ist es leichter, die Sterne auf einem anderen Stückchen Filz anzufertigen und sie dann auf das Bild zu übertragen. Denn wenn sie nicht so-

24   *Sterntaler, 1. Stufe*

fort gelingen und man sie wieder abnehmen muß, zieht man leicht Wolle mit, die liegen bleiben soll. Die Sterne können einfach als helle Tupfer aufgelegt oder als ganz dünne Wollsträhnchen kreuzweise übereinandergelegt werden.

Sterntaler, 2. Stufe   25

26

3. Rumpelstilzchen (Grimm)

Dieses Bild wird bestimmt einerseits durch die Dunkelheit, aus der der Bote aus seinem Versteck hervorschaut, andererseits durch das helle Feuer, um das herum das Männlein tanzt. – Auf hellblauem Grund werden die beiden Seiten angelegt und in verschiedenen Farbnuancen der Waldboden und das Blattwerk. Wieder werden die Gestalten, das Feuer, die Baumstämme farblich intensiviert. Unter oder zwischen dem Grün der Blätter wird der helle Filz mit dunkelblauer Wolle abgedeckt, damit sie, vom Feuer be-

Rumpelstilzchen, 1. Stufe

leuchtet, heller hervor-
treten können. Es ist
Nacht. – Empfinden
wir das Verhältnis der
Formen und Farben
zueinander als aus-
gewogen, so können
wieder die letzten
Differenzierungen vor-
genommen werden.
Hierbei ist es reizvoll,
den Kontrast zwischen
hell und dunkel her-
vorzuheben.

Rumpelstilzchen, 2. Stufe

Rumpelstilzchen, 3. Stufe

4. Aschenputtel (Grimm)

Dunkelbrauner Filz liegt diesem Bilde zugrunde. Die Fensteröffnung wird mit mehreren ganz dünnen Schichten weißer Wolle abgedeckt, bis nichts Dunkles mehr durchscheint, sodann kräftig flachgebügelt. Dadurch bekommt das aufgelegte Gelb und Blau Leuchtkraft. Die Wand entsteht aus verschiedenen Rot-, Blau- und Brauntönen; hier darf das Braun des Untergrundes sichtbar bleiben. Die Tauben können auf einem leeren Extrafilz nebenan Form erhalten und dann an ihren endgültigen Platz auf den fertigen Hintergrund gesetzt werden. Wir versuchen dabei verschiedenartige Bewegungen einzufangen. – Alles gruppiert sich um das Töpfchen, in dem die guten Erbsen oder Linsen gesammelt werden.

5. Schneeweißchen und Rosenrot (Grimm)

Der hellblaue Unterlagenfilz ist in der Mitte des Bildes noch sichtbar. Die dunkle Umrahmung des Geschehens deutet den Innenraum, das Rot die Nähe des Feuers an. Die Mutter, das Täubchen und das Schäfchen schauen dem Treiben der beiden Kinder zu: ein vertrautes Beieinander.

6. Christophorus

Wieder ist es Nacht, deshalb die Grundfarbe dunkelblau. Christophorus mit dem Kind wird zunächst fast fertig ausgeführt, dann das «Wasser» darübergelegt. Der Lichtkreis des Kindes deutet an, daß er mehr trägt als einen Menschen, und wie schwer es ihn dünkt.

7. Die Christrose
(Lagerlöf)

Da sowohl der Abt als auch die Räubermutter dem Betrachter den Rükken zukehren, werden wir sofort aufgefordert, das Wunder der Heiligen Nacht im Walde mitzuerleben. – Das Aufblühen der Blumen und Grünen der Bäume wird nur farblich angedeutet.

8. Schäfer und Spielende Kinder

Das Bild des Schafhirten stellt eine Szene aus dem Leben dar. Er hütet seine Schafe bei Wind und Wetter. Die Tiere gestalten wir im Vordergrund etwas deutlicher, am besten mit ungekämmter, gewaschener Rohwolle. Im Hintergrund deuten kleiner werdende, unregelmäßige Wollhäufchen die große Herde an. So wird wiederum die Phantasie aktiviert, zu ergänzen. Der Untergrund dieses Bildes ist beige. Auch die spielenden Kinder geben eine alltägliche Situation wieder. Hier ist die hellblaue Grundfarbe am Himmel noch sichtbar.

9. Das Eselein (Grimm)

Bei diesem Bild steht die Begegnung zwischen Prinzessin und Eselein ganz in den Vordergrund gerückt. Eine Rosenranke könnte zur linken Seite angedeutet sein. Die heitere, sonnige Stimmung im Schloßgarten, in dem sich alle befinden, geben die hellen, duftigen Farben auf beigem Grund wieder.

10. Franziskus predigt den Vögeln

Das Franziskusbild entstand auf Wunsch eines Klassenlehrers für seine zweite Klasse, in Anlehnung an das bekannte Giotto-Motiv. Der hellblaue Untergrund wurde nur mit ganz wenig zart gefärbter Wolle überlagert und ist noch gut erkennbar. Die Vögel versammeln sich in allen Größen und verschiedenartigsten Bewegungsstellungen um den Heiligen Franz. Sie sind aus weißer Wolle gezupft, damit sie sich vom Hintergrund gut abheben und die Einheitlichkeit des Bildes erhalten bleibt. Nachträglich bekamen einige Vögel durch wenige farbige Wollhaare eine leichte Tönung.

11. Die Flucht nach Ägypten

Hier gibt der tiefblaue Filzuntergrund die Farbe für den Himmel her, der kaum mit Wolle bedeckt und nach oben verdunkelt wurde. Der Esel hob sich erst vom Hintergrund ab, nachdem er teilweise dunkel unterlegt worden war. Das ergab eine Art Schattierung zu den Umrissen hin und ist besonders an den Beinen sichtbar.

Drei Engel
nach Stefan Lochner

39

Figuren

Die abgebildeten Figuren und Tiere werden nicht alle gleichermaßen ausführlich beschrieben. Deshalb ist es ratsam, vor Beginn der Arbeit die Anleitungen in der Reihenfolge zu lesen, wie sie im Buch stehen. Was im Anfang ausführlicher erklärt wird, erscheint später verkürzt.

Als Material benötigen wir:

ungesponnene, farbige Wolle
eine Schere
eine lange, dünne Nähnadel
farbige Garne
eine dickere und eine dünnere Häkelnadel

Puppen

Die abgebildeten Wollpüppchen wurden praktisch ohne zusätzliches Hilfsmittel hergestellt. Man braucht nur ungesponnene Wolle und ein wenig Geschick in den Händen. – Eine lange, dünne Nähnadel mit Faden und eine Häkelnadel könnten allerdings gute Dienste leisten, die eine zum Befestigen von Wollenden, die andere zum Einziehen derselben nach innen. Es eignet sich hier die Wolle im Band, d.h. Wolle, die gekämmt ist und als Strang, zu dicken Ballen aufgewickelt, verkauft wird. Sie läßt sich leichter verarbeiten wie die ebenso handelsübliche Wolle vom Vlies, die natürlich auch verwendet werden kann. Für die abgebildeten Puppen wurden je zwei 40 cm lange Stränge genommen; ihre fertige Originalgröße beträgt 15 cm.

Wir teilen die zusammengelegten Stränge mittels eines festen Knotens (späterer Kopf) in zwei nicht ganz gleiche Längen (Unterschied etwa 3 cm). Den geknoteten Strang halten wir senkrecht, mit dem längeren Ende nach oben und mit der Seite nach vorne, auf der die Fasern des Knotens waagerecht verlaufen. Nun biegen wir das obere Ende um, ziehen die Wolle um den Knoten herum nach unten, lassen aber vorne das Gesicht frei. Mit einem schmalen Wollstrang, den man ja beliebig in die Länge und auch dünn ziehen kann, binden wir den Kopf ab.

Wird die Wolle bis zum letzten dünnen Fäserchen fest gewickelt, so erübrigt sich ein Vernähen. Dabei sollte ein mindestens 1 cm langer Hals entstehen. Das ist wichtig, weil die Wollkleider hinterher ziemlich auftragen und die Puppe sonst sehr pummelig wird. Aus demselben Grund ist es auch gut, wenn der Kopf (Knoten) eine längliche Form erhält. – Nun zweigen wir etwas Wolle zu beiden Seiten für die Arme ab (ca. ein Achtel des jetzt gesamten Stranges). Diese Stränge werden durch vor-

sichtiges Ziehen ca. 3 cm gelängt, damit wir die Enden nach dem Umbiegen (siehe Zeichnung 1 und 2) mit in die Taille einbinden

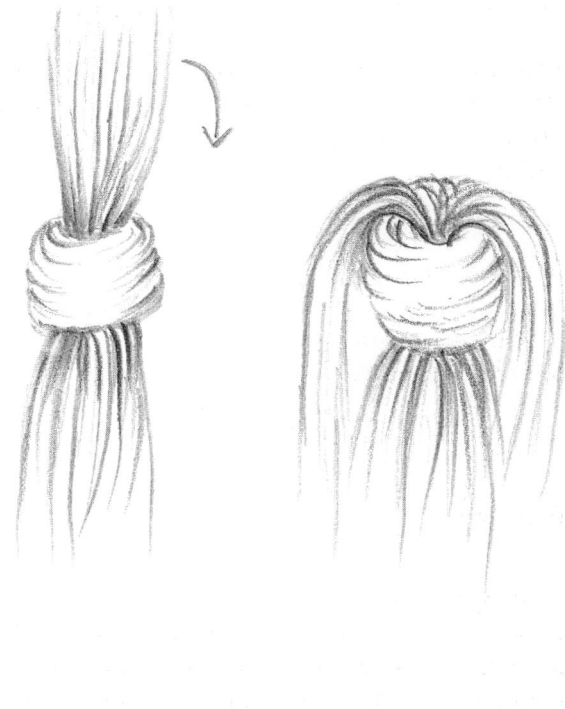

Zeichnung 1 *Zeichnung 2* 41

Zeichnung 3
(hier sind 3 Arbeitsgänge dargestellt:
Hals abbinden, Arme abteilen und umbiegen)

Zeichnung 4

können. Letztere wird anschließend locker abgebunden. Wenn wir einen rocklangen Wollstrang zusätzlich mit befestigen, steht die Puppe sicher. Wir vergleichen die Armlängen und beginnen mit dem Umwickeln. Dazu nehmen wir die für das Gewand gewählte farbige Wolle. Man kann sowohl an den Handgelenken als auch beim Gürtel oder am Hals anfangen (Hände bleiben frei). Beim kreuzweisen Wickeln über Brust und Rücken kann man die Stellung der Arme durch mehr oder weniger festes Anziehen beeinflussen. Die Wolle sollte sich dabei nicht verdrehen. Unter Umständen ist es leichter, sie nicht um die Puppe herumzuführen, sondern die Hand mit der Wolle stillzuhalten und die Puppe zu drehen.

Für den Rock zupfen wir die Wolle flach auseinander, in die benötigte Größe, viereckig. Die obere Kante legen wir um einen doppelten Wollfaden und binden das Ganze, mit der «rechten» Seite nach außen, in der Taille fest. Zum Schluß legen wir die Haare um den Kopf. – Da die Puppen ja zum Spielen für die Kinder angefertigt werden, empfiehlt es sich, anfällige Stellen mit einigen kleinen Stichen festzunähen. Sie sind kaum sichtbar, wenn sie der Richtung der Wollstruktur angepaßt werden. (Siehe hierzu die Zeichnungen 3 und 4.)

Eine andere, ganz einfache Art, solche Püppchen zu machen, ist die folgende:
Man nimmt eine langgezogene, weiße Wollflocke doppelt, legt in den Knick ein Wollebällchen, formt den Kopf schön rund und bindet mit einem herausgezupften Fädchen den Hals ab. Aus beiden Seiten der Wollsäule unterhalb

43

des Kopfes wird etwas Wolle für die Arme herausgezupft. Handgelenke und Taille werden locker wieder mit einem herausgezupften Fädchen abgebunden.

Für das Kleid wird in einen sehr feingezupften farbigen Wollschleier zunächst ein Loch gemacht, durch welches der Kopf gesteckt wird. Die farbige Wolle wird nun um die ganze Figur geschmiegt und in der Mitte mit einem lockeren Gürtel zusammengehalten.

Das Kleid kann auch ganz aus farbiger Wolle gemacht werden. Dann zupft man die zuerst gefertigte weiße Säule mit Kopf etwas dünner und umwickelt sie unterhalb des Kopfes mit einem der Körperlänge entsprechenden farbigen Wollvlies. Man kann es am Hals mit einem Fädchen befestigen. Die Arme werden wieder seitlich herausgezupft, und bevor man das Handgelenk abbindet, legt man ein weißes Flöckchen für die Hände ein.

Für die Haare wird sehr wenig Wolle dünn gezupft und um den Kopf gelegt.

Zwerge

Ein 20 cm langer Wollstrang wird geknotet wie bei den Puppen; die Länge des Halses hat dabei keine Bedeutung. Hier kommt es darauf an, daß der Kopf, verhältnismäßig groß, mit spitzer Mütze bedeckt, auf kleinem Körper sitzt und der lange Bart gut sichtbar ist. Dieser wird als ein Strang über den Kopf gelegt und unter dem Kinn verknotet. Das Mäntelchen, ebenfalls von der einen zur anderen Seite über den Kopf gelegt, befestigen wir um den Hals herum unter dem Bart. Die Spitze der Mütze läßt sich dann leicht nach oben herausziehen. Schließlich helfen einige Nähstiche, daß der Bartknoten verschwindet.

Bauer

Der Bauer entsteht aus zwei 50 cm langen Wollsträngen auf die gleiche Weise wie die Puppen. Er trägt wie sie einen Rock; die Gürtellinie wird verdeckt durch einen langen «Kittel». Der braune Mantel ist mit einem Faden um den Hals gehängt und wie der Rock befestigt. Haare und Bart werden mit wenigen Stichen angenäht, bevor der Hut aufgesetzt wird. Die Hutkrempe besteht aus einem Strang, der um den Kopf gelegt und festgenäht ist. Da die Hände aus Schlaufen bestehen, läßt sich der Sack mit einer Häkelnadel leicht nach oben durchziehen. Das rauhe Holz des Wanderstabes gleitet, mit Tesafilm umklebt, gut durch die Wolle. Der Film läßt sich hinterher schnell entfernen.

Tiere

Tiere, soweit sie etwas größer sein sollen und auf Beinen stehen, brauchen zum besseren Halt ein Drahtgestell. – Sisalumsponnener Draht ist dick und sehr stabil, aber nicht so geschmeidig wie Biegeplüsch oder Pfeifenputzer. Wir bevorzugen Biegeplüsch, weil die Wolle sich in dem haarigen Material sofort verhakt und gut hält. Er ist in 50 cm langen Stücken in Bastelgeschäften erhältlich. Pfeifenputzer sind dünner und kürzer, aber für kleine Tiere auch geeignet.

Fertigt man zum erstenmal ein Tier an, so rate ich, mit einem Schäfchen zu beginnen. Dieses hat eine handliche Größe, und sollte es nicht gar so gut gelingen, fällt das im Zusammenhang einer eventuell folgenden Herde nicht auf. Für die Schäfchen wurden Pfeifenputzer benützt und, wie unten abgebildet, gebogen. Beim Drahtgestell gilt meiner Erfahrung nach die Faustregel, daß Beine und Rücken die gleiche Länge haben. Die Beine verkürzen sich später, da der Rücken dicker umwickelt wird. Ihr doppelter Draht ist so gebogen, daß sich das geschlossene Ende an den Zehen befindet. Am Rückendraht werden sie gut befestigt, damit sie später beim Umwickeln mit Wolle nicht verrutschen. Mit letzterem beginnen wir an den Beinen, indem wir ein ganz kleines Ende eines schmalen, ca. 40 cm langen Wollstranges zwischen die Drähte ziehen. Dieses wickeln wir zwei- bis dreimal um den untersten Bogen, dann klemmen wir die beiden Drähte zusammen und umwickeln sie, wie bei den Puppen beschrieben (Seite 43). Alle Wollstränge der Beine befestigen wir am Rücken, bevor wir ihn, am Schwanz beginnend, in Angriff nehmen. Der Kopfdraht wird erst, nachdem er von einer

Schicht Wolle umgeben ist, gebogen und dann, indem wir ihn mehr oder weniger an den entsprechenden Stellen umwickeln, gestaltet. Auch der Rumpf kommt auf diese Weise «in Form». Zuletzt wird locker Wolle als Fell aufgelegt und mit großzügig verteilten, kleinen Stichen angeheftet. Die Ohren werden als leicht gedrehte Wolle mit der Häkelnadel, die in den Rücken eingeführt wird und am Kopf herauskommt, einzeln eingezogen. Man kann auch etwas Wolle mit einer dicken Nadel von der einen zur anderen Seite durch den Kopf ziehen und die jeweils herausstehenden Enden in die gewünschte Form zupfen.*

* Ganz einfach hergestellte Schäfchen werden in Heft 1 dieser Reihe *Spielzeug von Eltern selbst gemacht* beschrieben.

Drahtgestell ungebogen

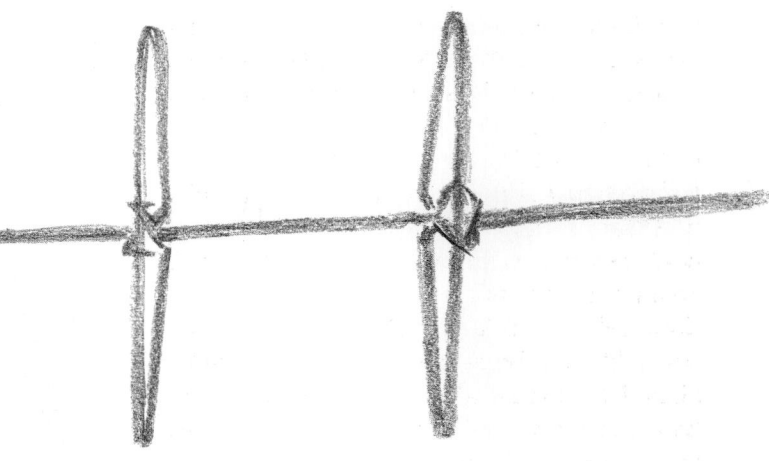

Beine und Rücken je 4 cm, Kopf mit Hals 6 cm, Schwanz 3 cm

Schaf

Die Tiere vom "Schlößchen" (s. S. 71 ff.)

Für das *Mückchen* knoten wir ein kleines Strängchen Wolle und zupfen die Flügelchen aus den beiden Enden, die aus dem Knoten herausschauen, zurecht.

Die *Fliege* wird genauso hergestellt, evtl. in anderer Farbe.

Für das *Mäuschen* ist ein Pfeifenputzer gerade recht. Er wird zunächst einmal mit Wolle bezogen, dann gebogen. Vorne am Schnäuzchen drücken wir den Draht zusammen und umwickeln ihn eng (Abb. 1). Da der Rumpf nach hinten immer dicker werden soll, kann man mit Achterschlaufen das Loch zwischen dem Drahtgestell ausfüllen (Abb. 2) und danach quer dazu (um das Hinterteil und hinter dem Kopf durch die Wolle, mit Häkelnadel) wickeln (Abb. 3). Die Ohren bestehen wie beim Schaf aus einer Wollschlaufe, die allerdings hier nach oben gerichtet ist. Der Schwanz wird gedreht. Zwei Drähte für vier Beine werden, wenn gewünscht, zum Schluß durchgezogen und umwickelt.

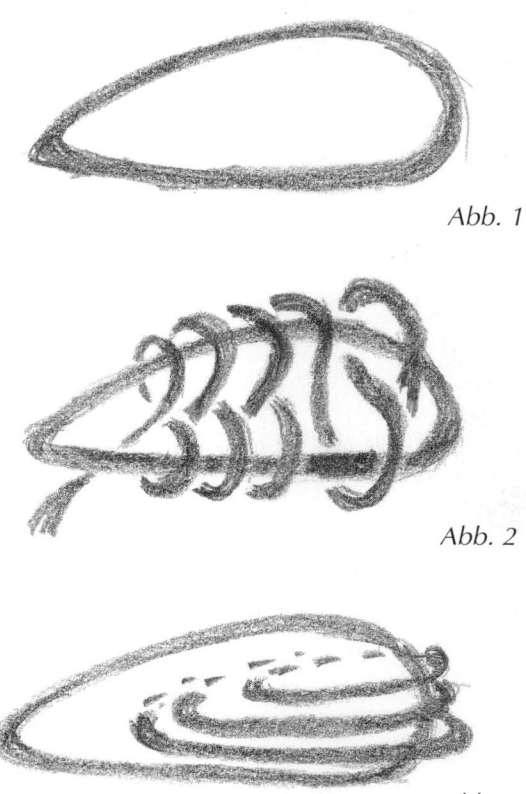

Abb. 1

Abb. 2

Abb. 3

Mäuschen

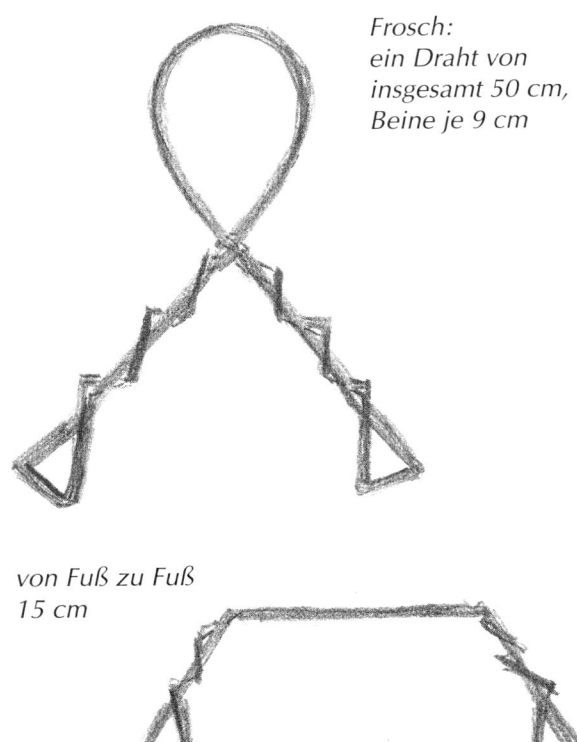

Frosch:
ein Draht von
insgesamt 50 cm,
Beine je 9 cm

von Fuß zu Fuß
15 cm

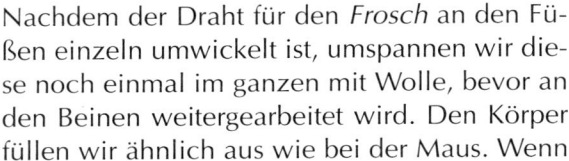

Nachdem der Draht für den *Frosch* an den Fü-
ßen einzeln umwickelt ist, umspannen wir diese noch einmal im ganzen mit Wolle, bevor an
den Beinen weitergearbeitet wird. Den Körper
füllen wir ähnlich aus wie bei der Maus. Wenn

alles fertig ist, können helle Augen aufgenäht
werden. Sie wirken freundlicher als dunkle.
Das *Häschen* kann ohne festes Gestell leicht
angefertigt werden. Wir rollen ein rechteckiges
Stück Wolle vom Vlies zu einer länglichen, an
beiden Enden abgerundeten Form, die den Körper darstellt, und die wir unterhalb mit einigen
Nähstichen befestigen. An dem einen Ende binden wir den Kopf mit einem dünnen Faden, den
man möglichst nicht sehen sollte, ab. Die Ohren werden eingezogen wie beim Schäfchen.
Fuchs und *Wolf* werden mit entsprechend ge-
formtem Gestell angefertigt wie das Schaf (siehe
Kapitel «Tiere»).
Der *Bär* erfordert als großes Tier etwas mehr
Geschick und Geduld. Aber man kann, sobald
er stabil genug umwickelt ist, manches aus-
gleichen durch das struppige Fell, welches ihn

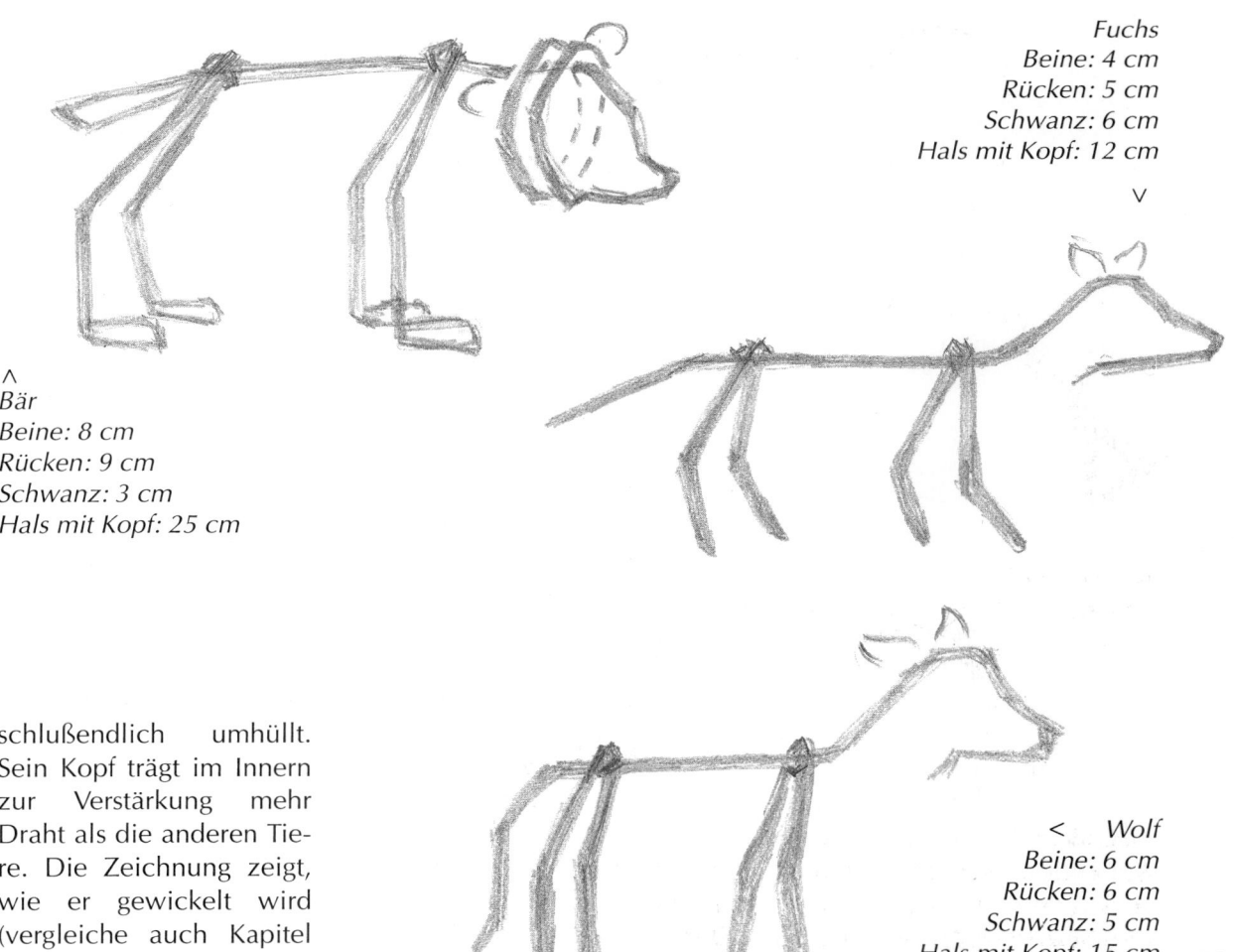

Fuchs
Beine: 4 cm
Rücken: 5 cm
Schwanz: 6 cm
Hals mit Kopf: 12 cm

v

∧
Bär
Beine: 8 cm
Rücken: 9 cm
Schwanz: 3 cm
Hals mit Kopf: 25 cm

schlußendlich umhüllt. Sein Kopf trägt im Innern zur Verstärkung mehr Draht als die anderen Tiere. Die Zeichnung zeigt, wie er gewickelt wird (vergleiche auch Kapitel «Tiere»).

< *Wolf*
Beine: 6 cm
Rücken: 6 cm
Schwanz: 5 cm
Hals mit Kopf: 15 cm

51

Vögelchen

Hier sei noch angefügt, wie man Vögelchen herstellen kann. Diese finden immer wieder Verwendung als *Pfingstvögelchen.* Die Arbeitsgänge zur Puppe wiederholen wir in kleiner Ausführung. Hinter dem Knoten binden wir den Kopf ab, ohne einen Hals entstehen zu lassen. Für die Flügel zweigen wir etwas mehr Wolle ab als für die Arme. Den Leib, der nur wenig größer als der Kopf wird, binden wir hinten ab und zupfen das Schwänzchen und die Flügel zurecht. Vorne aus dem Köpfchen ziehen wir die Wolle für den Schnabel oder nähen diesen mit andersfarbiger Wolle an.

Man kann auch ein ca. 20 cm langes Strängchen Wolle doppeln und dann so knoten, daß der Knoten zum Körper wird. An der einen Seite steht das Schwänzchen heraus, und an der anderen Seite stellt die übriggebliebene Schlaufe den Kopf dar. Hier wird wiederum die Wolle für den Schnabel herausgezogen. Durch den Leib (Knoten) ziehen wir mit einer Häkelnadel oder dicken Stopfnadel ein Wollsträngchen, das zu beiden Seiten herausschaut und locker zum Flügel gezupft wird.

Krippenfiguren

Bei der Krippe handelt es sich um Figuren, die nicht im Beisein der Kinder angefertigt werden. Sie stehen mittels eines Rundholzes alle auf einem kleinen Holzteller. – In Bastelgeschäften kann man passende Holzräder kaufen, oder es werden aus Sperrholz Scheiben von ca. 5 cm ø ausgesägt, die in der Mitte ein kleines Loch erhalten. Dieses sollte passend für ein bleistiftdickes Rundholz sein. Das nach oben stehende Ende wird mit einem Bleistiftspitzer angespitzt (siehe Zeichnung). Das ganze Gestell sollte 3 bis 4 cm kürzer sein als die Krippenfigur hoch werden soll.

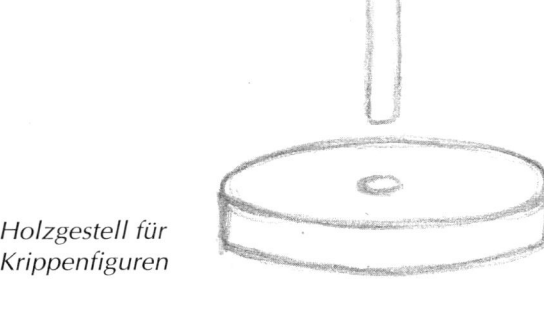

Holzgestell für Krippenfiguren

Diese wiederum wird im Prinzip genauso hergestellt wie die vorher beschriebenen Püppchen. Haben wir den Hals fertig gewickelt, so
wird von unten das Rundholz eingeführt, so daß
es mit der Spitze bis in den Hals vorstößt. Mit
dem Taillenschnüren wird die ganze Wolle zusätzlich an dem Holz befestigt.

Das Unterkleid bei allen Figuren halten wir wieder mit einem Wollstrang. Auch hier ziehen wir
die farbige Wolle mit Fingerspitzengefühl fein
auseinander und legen es wie ein Stück Stoff um
die Gestalt herum. Die Dichte dieser Bekleidung
richtet sich nach den jeweiligen Bedürfnissen,
sollte aber so dünn wie möglich sein wegen des
schon erwähnten Auftragens. Wir können auch
die innere Wolle unten bis zur Holzscheibe um
das Rundholz herum zusammenbinden. Das
kommt ebenfalls der gestreckten Statur zugute.   55

Beim *Engel* bleiben die Arme locker, werden nicht umwickelt; nur die Hände binden wir leicht ab. Die Flügel, aus einem einzigen Wollstrang geformt, nähen wir zwischen den Schultern an. Der Engel soll duftig, leicht wirken.

Die *Maria* wird etwas kleiner als der Joseph, also ist der zu knotende Wollstrang etwas kürzer als bei allen anderen Figuren, ca. 5 bis 6 cm. Die Arme umwickeln wir mit der roten Wolle des Kleides bis zur Schulter. Das Kleid selbst befestigen wir um den Hals herum, wie bei der Puppe den Rock, und ziehen zu beiden Seiten die Arme durch. Nachdem wir um das Gesicht herum Haare angebracht haben, legen wir um die ganze Figur herum den blauen Mantel und nähen ihn, wo nötig, an Kopf und Handgelenken mit einigen großzügigen, nach außen wenig sichtbaren Stichen fest.

Der *Joseph* bekam ein braunes Untergewand und einen lila Mantel mit Kragen oder nach Kragen aussehender Kapuze. Die grauen Haare und der Bart wurden mit einigen Stichen angeheftet. Für das *Jesuskind* brauchen wir nur eine Sorte helle Wolle; es muß nicht angezogen werden. Der Hals bleibt kurz, die Händchen leicht abgebunden, die Ärmchen nicht gewickelt. Unterhalb der Füße schlagen wir die Wolle so nach hinten um, daß es wie ein Säckchen aussieht. Unter den Armen beginnen wir mit einem dünnen langen Strang Wolle zu wickeln, zuerst ein Stückchen nach unten in Richtung Füße, damit das umgeschlagene Wollende befestigt ist, dann wieder nach oben und kreuzweise über Brust und Rücken. Den letzten Wollzipfel ziehen wir mit einer Häkelnadel nach innen (siehe nebenstehende Abbildung). Das Ganze hält ohne einen Knoten.

Die *Hirten* werden in der Art des Bauern angefertigt, evtl. mit einem «Fell» umgehängt.

Die *Könige* tragen lange Gewänder. Ihre gewikkelten Arme sind noch mit loser, herunterhängender Wolle umkleidet.

Wie *Ochse* und *Esel* angefertigt werden, ist ersichtlich aus den Abbildungen Seite 58 und den vorhergehenden Beschreibungen (siehe auch Kapitel «Tiere»).

Wickelkind

Esel
Beine: 7 cm
Rücken: 7 cm
Schwanz: 6 cm
Hals mit Kopf: 13 cm

Ochse
Beine: 9 cm
Rücken: 9 cm
Schwanz: 6 cm
Hals mit Kopf: 22 cm

Resteverwertung

Bei jedem Wollbildlegen und auch beim Anfertigen von Puppen und Tieren aus Wolle
bleiben verzupfte kleine Wollreste übrig, die in
gleicher Weise nicht mehr verwendet werden
können. Es empfiehlt sich, diese zu sammeln
und, wenn die Möglichkeit besteht, noch einmal zu kardieren, ganz bunt oder nach verschiedenen Farben geordnet. Beim Verspinnen
der Wolle erhält man überraschend farbige
Garne zur Weiterverarbeitung.

«Märchenwolle»

Die farbige, ungesponnene Wolle wird auch
Märchenwolle genannt. Der Name deutet darauf hin, daß es sich hier um ein Material handelt, welches locker und duftig genug ist, um
Gestaltungen aus der Erlebniswelt, vor allem
des Kindes, nicht in zu feste Formen zu prägen.
Dieses ist nach den bisherigen Ausführungen
wohl verständlich.

Freya Jaffke

Vom Umgang mit ungesponnener, farbiger Schafwolle im Kindergarten

Die Rohwolle

Die Schafwolle ist ein unentbehrliches und auch universelles Material im Waldorf-Kindergarten. Nicht nur zum Herstellen von Marionetten und Puppen, zum Füllen von Puppenbettchen und Spielkissen ist sie geeignet, sondern auch zu mannigfaltigem Spiel und freiem Gestalten. Zart wie ein Schleier gezupft, liegt sie als Teppich in der selbsterbauten Puppenstube; geschickte Hände sechsjähriger Mädchen fabrizieren daraus kunstvolle Haartrachten an ihren primitiven Zipfelpuppen; gelockte Flöckchen regen an, Zwerge mit Bärten zu nähen; «Bäume» aus vielfach verzweigten Astgabeln oder Tannenzapfen schmückt sie mit Blattwerk und Schneeflocken; aus einem hohlen Baumstück – beim Bauen der Kinder als Haus verwendet – steigt sie als Rauch auf, um nur wenige Beispiele zu nennen.

Ganz besonders schön ist es, wenn es uns gelingt, einen Sack Wolle von frischgeschorenen Schafen direkt vom Schäfer zu bekommen. Welche Vielfalt an belebenden Sinneseindrücken tut sich da auf! Und wie gern greifen Kinderhände in solch einen weichen, noch sehr fettigen, weißgelblich-braungetönten, nach Schafstall «duftenden» Wolleberg. Einige Hände voll von nicht so verschmutzten Flocken legen wir in ein Körbchen für medizinische Zwecke, wenn sich einmal Ohrenweh oder andere Unpäßlichkeiten einstellen, oder für besondere gestalterische Zwecke. Alles andere wandert in die große Wanne und wird schonend gewaschen, gespült und zum Trocknen ausgebreitet. Es dauert viele Tage, bis die neue Wolle endlich getrocknet dem Zugriff zur Verfügung steht.

Das Zupfen und Kardieren der Wolle

Allermeist müssen nun die Flocken zuerst fein gezupft werden, was ein sehr heilsames, fast therapeutisches Tun ist. Denn die Wolle darf möglichst nicht auseinandergerissen, sondern sollte mit den Fingerspitzen vorsichtig auseinandergezogen werden. Das feine Fingerspitzengefühl, das bei den Kindern entwicklungsbedingt hierbei langsam entsteht, bildet mit an der physischen Grundlage für ein späteres differenziertes Empfinden auf seelisch-geistigem Gebiet.

Soll die Wolle zum Füllen von Steckbettchen, Puppenbetten oder Spielkissen verwendet werden, so kann sie auch mit Handkarden kardiert werden. Die Flocken werden damit schön lang gekämmt, liegen gut aufeinander und klumpen im Gebrauch nicht so schnell.

63

In ihrem Buch «So färbt man mit Pflanzen» beschreibt Erna Bächi-Nußbaumer das Kardieren wie folgt: «*Wollte man die Arbeit noch feiner und schöner machen, so benützte man zwei kleine Kardbrettchen, die mit feinen Nägeln versehen waren und die nun ein eigentliches Kämmen der Wollflocken erlaubten. Wie ein solches Gerät gehandhabt wird, sehen Sie im Bilde. Ein Brettchen wird aufs Knie gelegt und eingefüllt, indem Flocke um Flocke in Längsrichtung mit schöner Zugbewegung aufgebracht wird (a). Dann streicht man mit dem zweiten Brettchen darüber, erst zart, dann kräftiger, abwechselnd links (b) und rechts (c), und wenn sich alle*

Abbildung b

Abbildung a

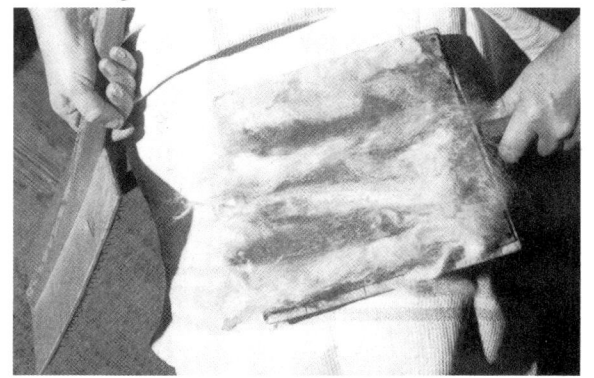

Abbildung c

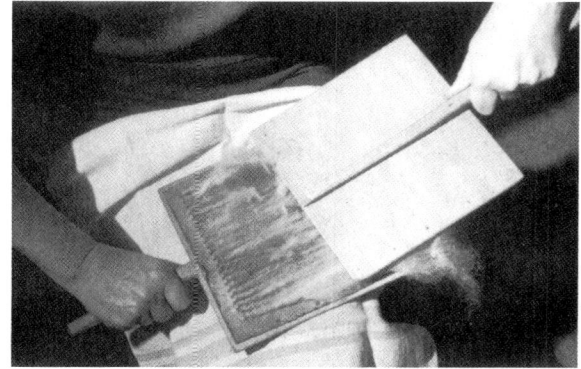

64

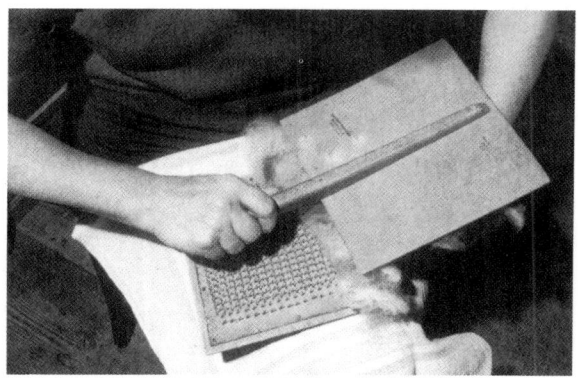

Abbildung d

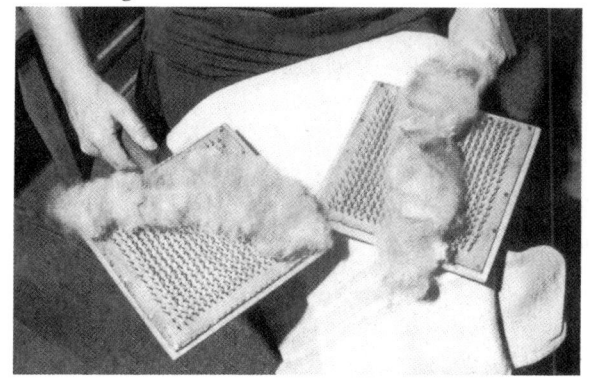

Abbildung e

Flocken gestreckt haben, wird durch Streichen in der Gegenrichtung die Wolle als luftiges Wölklein herausgeholt (d, e).»
(Verlag Paul Haupt, Bern und Stuttgart 1980.)

Diese Tätigkeit bleibt weitestgehend dem Erwachsenen vorbehalten, da sie besonderes Geschick und auch Kraft verlangt. Mit kleinen Kinderkarden, wie sie zum Beispiel in England hergestellt werden, können auch Kinder sich unter Umständen an dieser Arbeit beteiligen.

Die farbige Wolle

Zu den Lebenstätigkeiten, die wir in den Kindergarten hereinholen können, kann auch das Färben mit Pflanzenfarben gehören.
Exemplarisch taten wir dies mit Blütenpflanzen, die wir in unserem bescheidenen Gärtchen zogen, wie zum Beispiel Tagetes oder Sonnenblumen. Sorgfältig sammelten wir die Blütenblätter und breiteten sie aus zum Trocknen. Daraus kochten wir eines Tages einen Färbesud und waren sehr gespannt, welche Farbe uns wohl die Blüten schenken würden. Endlich war es soweit, daß wir die Wolle (die ohne Anwesenheit der Kinder noch einmal gewaschen, entfettet und zum Teil vorgebeizt wurde) in das

65

Farbbad geben konnten. Großes Staunen und Jubelrufe begleiteten das Färben und Spülen auch der im gleichen Färbbad gefärbten weißen Seidentüchlein. Manche tauchten wir direkt oder anschließend noch in Malventee.

Natürlich war diese Färberei, die sich über viele Tage hinzog, für die Kinder sehr anregend, und immer wieder hatten sie neue Ideen, was wir doch auch zum Färben sammeln könnten. Mit ihren Vorschlägen gingen sie logischerweise davon aus, daß uns blaue Blüten blaue, rote Blüten rote und grüne Blätter grüne Farbe schenken müßten.

Gestalten mit farbiger Wolle in der Kinderstube

Ganz gleich, welcher Art von Gestaltung mit farbiger Wolle sich ein Erwachsener widmet, immer wird es Kinder geben, die sich ihm mit Freude zugesellen. Sind die verschiedenen Farben schön geordnet in einem Korb, so ist das für alle ein wunderbarer Sinneseindruck und eine Augenweide. Ratsam ist es, immer ein extra Körbchen für die Kinder zu haben, damit die Wolle des Erwachsenen nicht durcheinandergerät und die Kinderhände unbefangen schaffen können. Aus diesem Körbchen dürfen sie selbst wählen, und man schaut, daß sie sich, am Vorbild orientierend, auch immer nur sehr wenig herausnehmen und behutsam damit umgehen. Läßt man die Kinder ganz frei, so wird vielleicht das eine oder andere Kind sich am gestaltenden Tun des Erwachsenen orientieren, andere aber werden irgendwelche Dinge aus eigener Phantasie mit der Wolle machen. Niemals sollte man die Kinder korrigieren oder darauf aufmerksam

Eine Landschaft

machen, wie sie es noch schöner oder besser machen könnten, sondern sie in ihrem eifrigen und unbefangenen, oft recht originellen Tun ungestört walten lassen.

Obwohl auch schon Kinder im Vorschulalter gern mal ein Wollbild nachahmend gestalten, so haben sie doch einen stärkeren Impuls zum plastischen Tun. Noch ist ja der ganze physische Leib des Kindes von plastischen Bildeprozessen durchzogen, wodurch die Organe ihre endgültige Form erhalten.* Dieses feine, innere Bilden wird besonders im Tun der Hände nach außen gesetzt. An kaum einem Sandhaufen, einer Lehmkuhle oder anderen formbaren Materialien kann ein kleines Kind vorbeigehen, ohne voll Wonne hineinzugreifen und zu formen.

So wird auch die weiße und farbige Wolle gern zum plastischen Gestalten und zur Ergänzung anderer Naturmaterialien im Spiel ergriffen.

Eine Landschaft

Aus farbiger Wolle kann z.B. eine nicht als Bild gestaltete, sondern aufgebaute Landschaft entstehen. Dazu liegt auf dem Tisch als Unterlage ein Tuch, das an keiner Seite über die Tischkante herabhängen darf. Nur so ist garantiert, daß nichts verrutschen wird.

Aus einer hauchdünn gezupften blauen Wollflocke entsteht vielleicht in der Mitte ein See, auf dem lauter kleine gelbe und weiße Enten oder Schwäne schwimmen. Diese werden nur für den Augenblick aus ein wenig Wolle andeutungsweise gezupft. Eifrig bringen die Kinder eine mehrfach verzweigte Astgabel, die in einer Holzscheibe steckt, und behängen sie mit fein gezupften Wollflusen. Aus dem See fließt ein Fluß, auf dem ein Wollschiffchen mit einem kleinen Steuermann fährt. Auf der angrenzenden Wiese steht der Schäfer mit seiner Schafherde, von kleinen Büschen und Bäumen umgeben. In einer Ecke entstehen ein Haus, ein Stall und eine Hundehütte aus kleinen Birkenhölzern für die Bauernfamilie und ihre Kinder. Es ist solch ein Aufbau nicht für die Dauer bestimmt, und er wird auch am Ende der Freispielzeit wieder sorgfältig abgebaut. Damit wird Platz geschaffen für neue Ideen und Impulse des nächsten Tages.

* Rudolf Steiner, Die Erziehung des Kindes vom Gesichtspunkte der Geisteswissenschaft. Dornach 1988.

In diesem Zusammenhang möchte ich darauf hinweisen, daß ich im Kindergarten nicht das ganze Jahr über den Kindern die farbige Wolle zur Verfügung gestellt habe, sondern eher besonderen Augenblicken vorbehielt. In solchen Zeiten, zum Beispiel, in denen eine größere Gruppe von Kindern durch Witterungseinflüsse oder sonstige Störungen nicht in ihr selbstverständliches Spielen hineinfanden und sie sich auch zu der täglichen Arbeit der Erwachsenen nicht hingezogen oder von ihr impulsiert fühlten, war uns das gestaltende Tun mit der farbigen Wolle gelegentlich eine Hilfe.

Ein Tischpuppenspiel

«Das Schlößchen»

Hat sich der Erwachsene vorgenommen, ein Tischpuppenspiel zu gestalten, so kann er die Figuren dafür gut in Gegenwart der Kinder herstellen. Für die Menschenfiguren sind sowohl Stehpuppen aus Filz mit Rohwolle* oder solche aus nur farbiger Wolle (S. 40 ff.) geeignet. Wählt man beim Herstellen der Tiere (S. 46) für das Drahtgestell entweder Pfeifenputzer oder Bie-

* Vgl. Heft 7 dieser Reihe *«Puppenspiel»*.

geplüsch und nicht irgendeinen dünnen Draht, formt mit liebevoller Geste die typische Haltung eines Tieres und umwickelt die Grundform wie dargestellt (S. 47) mit feinen Wollsträngchen, so erleben die Kinder den ganzen Entstehungsprozeß. Dadurch angeregt machen die Kinder die schönsten und originellsten Gebilde sowohl mit als auch ohne Pfeifenputzer. Gesund entwickelte vier- bis fünfjährige Kinder sind meist sehr schnell damit fertig. Sie sind äußerst anspruchslos in bezug auf die erkennbare Gestalt, tut doch die Phantasie alles übrige. Sechs- bis Siebenjährige hingegen widmen sich je nach Temperament diesem Tun mit Hingabe und Ausdauer und schauen dabei immer wieder dem Erwachsenen auf die Hände.

Wichtig ist, daß der Erwachsene für jedes Tier die charakteristische Farbe wählt, daß man sich bei der Gestaltung auf die typische Form beschränkt und auf Details oder Ausdifferenzierungen verzichtet. Kinder läßt man souverän nach der von ihnen gewählten Farbe greifen. Damit kommt man dem Tätigkeitswillen der kindlichen Phantasie entgegen, die zwar Anregung, aber einen großen Freiraum braucht.

Sind alle Tiere fertig und liegen die Tücher und sonstigen Requisiten bereit, kann der Aufbau für die kleine Geschichte beginnen. Mit Freude und Eifer sind die Kinder helfend dabei, für die einzelnen Tiere einen angemessenen Unterschlupf zu bauen. Die Mücke Singefein und die Fliege Brummelbein zum Beispiel wohnen auf dem Baum, das Fröschlein an einem kleinen See, das Mäuslein im Loch, der Fuchs in einer Höhle und so weiter. In die Mitte legen wir ein zu einer runden Schale geformtes Tuch in einem gelbbräunlichen Farbton als Topf. Er muß so groß sein, daß alle Tiere darin gut Platz haben. Niemanden stört es, daß der «irdene Topf», an den alle anklopfen, nach oben offen ist und daß er vielemale größer ist als jene, die zu Beginn der Bauer auf seinem Wagen vorbeifährt und von denen er einen verliert.

Beim ersten Mal wird der Erwachsene alleine die Figuren führen. Doch schon am nächsten Tag können sich ihm einige Kinder zugesellen und die Führung einzelner Tiere neben ihm übernehmen. Das Erzählen bleibt weiterhin dem Erwachsenen vorbehalten, und auf das Sprechen mit verteilten Rollen, wie es sich bei dieser Geschichte anbieten könnte, wird bewußt verzichtet, um die Kinder nicht aus dem Erzählstrom herauszureißen.

Jeweils eine ganze Woche pflegten wir täglich dieses kleine Spiel durchzuführen und die Szene jedesmal wieder neu während der Freispielzeit aufzubauen. In den letzten Tagen besorgten das die fünf- und sechsjährigen Kinder ganz selbständig. Daneben hatten andere Kinder, alleine oder in Grüppchen, ihre eigenen Aufbauten, und immer ertönten Teile aus der Geschichte mit den herrlichen Tiernamen. Als Tiere nahmen sie kleine, geschnitzte Holzstückchen, eine farbige, zusammengerollte Schafwollflocke oder ein geknotetes Tüchlein.

Wird ein Puppenspiel in dieser Weise in die tägliche Arbeit des Kindergartens aufgenommen, so hat es eine vielseitige, das Spiel der Kinder stärker anregende Wirkung, als wenn es eines Tages als Überraschung nur zum Spiel vor ihnen aufgedeckt würde.

«Das Schlößchen»

(Aus Heft 5 dieser Reihe «Kleine Märchen und Geschichten»)

Ein Bauer, der irdene Töpfe zum Markt fuhr, verlor einen davon. Da kommt die Fliege Brummelbein angeflogen und fragt:

«Wem gehört das Häuschen – das Schlößchen? Wer wohnt darin?»
Aber niemand antwortet – alles ist leer. Da fliegt sie in den Topf und richtet sich häuslich ein.
Gleich kommt die Mücke Singefein geflogen und fragt:

71

«Wem gehört das Häuschen. Wer wohnt in dem Schloß, in dem Schlößchen?»
«Ich, die Fliege Brummelbein, und wer bist du?»
«Ich bin die Mücke Singefein.»
«Willst du, dann wohn bei mir.»
So leben sie zu zweit.
Bald kommt das Mäuslein Knusperknäuslein angesprungen und fragt:
«Wem gehört das Häuschen. Wer wohnt in dem Schloß, in dem Schlößchen?»
«Ich, die Fliege Brummelbein und ich, die Mük-ke Singefein.
Und wer bist Du?»
«Ich bin das Mäuslein Knusperknäuslein.»
«Willst du, dann wohn bei uns.»
Nun leben sie zu dritt.
Da kommt das Fröschlein Quakulein angehüpft und fragt:
«Wem gehört das Häuschen. Wer wohnt in dem Schloß, in dem Schlößchen?»
«Ich, die Fliege Brummelbein,
ich, die Mücke Singefein
und ich, das Mäuslein Knusperknäuslein. Und wer bist du?»
«Ich bin das Fröschlein Quakulein.»
«Willst du, dann wohn bei uns.»
Jetzt leben sie zu viert.

Da kommt ein Häslein angesprungen und fragt:

«Wem gehört das Häuschen. Wer wohnt in dem Schloß, in dem Schlößchen?»
«Ich, die Fliege Brummelbein,
ich, die Mücke Singefein,
Ich, das Mäuslein Knusperknäuslein
und ich, das Fröschlein Quakulein. Und wer bist du?»
«Ich bin das Häslein Krummbein Husch-übern-Berg.»
«Willst du, dann wohn bei uns.»
Nun leben sie zu fünft.

Da kommt ein Fuchs vorbeigelaufen und fragt:
«Wem gehört das Häuschen. Wer wohnt in dem Schloß, in dem Schlößchen?»
«Ich, die Fliege Brummelbein,
ich, die Mücke Singefein,
ich, das Mäuslein Knusperknäuslein,
ich, das Fröschlein Quakulein
und ich, das Häslein Krummbein Husch-übern-Berg. Und wer bist du?»
«Ich bin der Fuchs Redeprächtig.»
«Willst du, wann wohn bei uns.»
Nun leben sie zu sechst.

Da kommt der Wolf:
«Wem gehört das Häuschen.Wer wohnt in dem Schloß, in dem Schlößchen?»
«Ich, die Fliege Brummelbein,

73

ich, die Mücke Singefein,
ich, das Mäuslein Knusperknäuslein,
ich, das Fröschlein Quakulein,
ich, das Häslein Krummbein Husch-übern-Berg
und ich, der Fuchs Redeprächtig. Und wer bist
du?»
«Ich bin der Wolf, der Wolferich, hinterm Busch
her pack ich dich.»
«Willst du, dann wohn bei uns.»
Und so leben sie nun alle sieben zusammen –
und kennen keine Sorgen.

Da kommt der Bär daher und klopft an den Topf:
«Wem gehört das Häuschen. Wer wohnt in dem
Schloß, in dem Schlößchen?»
«Ich, die Fliege Brummelbein,
ich, die Mücke Singefein,
ich, das Mäuslein Knusperknäuslein,
ich, das Fröschlein Quakulein,

ich, das Häslein Krummbein Husch-übern-Berg
ich, der Fuchs Redeprächtig
und ich, der Wolf, der Wolferich, hinterm
Busch her pack ich dich. Und wer bist du?»
«Ich bin der Bär mit Pranken schwer.»
«Willst du, dann wohn bei uns.»

Der Bär faßte den irdenen Topf an, aber unter
seiner schweren Pranke zerbrach er und alle
Tiere liefen auseinander.
Zuerst der Bär mit Pranken schwer,
dann der Wolf der Wolferich, hinterm Busch
her pack ich dich;
dann der Fuchs Redeprächtig;
dann das Häslein Krummbein Husch-übern
Berg;
dann das Fröschlein Quakulein;
dann das Mäuslein Knusperknäuslein;
dann die Mücke Singefein;
und zuletzt die Fliege Brummelbein.

Anhang

Quellen zur Beschaffung von ungesponnener farbiger Wolle:

Firma Seehawer OHG
Sonnenhalde 9
72070 Tübingen

Kunsthandwerk Neckarmühle
Husarenhofstraße 14
74379 Ingersheim 2
Telefon (0 71 42) 5 27 37

Weberwerkstätten, Ralf Weber
Limbacher Straße 47
57612 Kircheib-Tente
Telefon (0 26 83) 61 88

Pflanzenfärberei H. Kroll
Hauptstraße 47
56761 Gamlen
Telefon (0 26 53) 64 07

Kunst und Spiel
Michael Peter
Hammerschmiedstr. 17
84492 Egling
Telefon (0 82 06) 70 77

Die Lebensgemeinschaft e. V.
Anerkannte Werkstätten für Behinderte
36110 Schlitz-Richthof
Telefon (0 66 53) 14 51

«Turmalin»-Wolle, erhältlich in Naturkostläden und solchen, die Waldorfspielzeug führen.

Werkbücher für Kinder, Eltern und Erzieher

Verlag Freies Geistesleben

1 Wir spielen Schattentheater

Anregungen für eine einfache Bühne, kleine Szenen und drei Märchenspiele. Mit zahlreichen Zeichnungen und Scherenschnitten von *Erika Zimmermann*. 72 Seiten, kartoniert

2 Advent

Praktische Anregungen für die Zeit vor Weihnachten. Zusammengestellt von *Freya Jaffke*. Mit Zeichnungen von Christiane Lesch und farbigen Abbildungen. 59 Seiten, kartoniert

3 Bilderbücher mit beweglichen Figuren

Anregungen und Anleitung zum Selbermachen, von *Brunhild Müller*. 57 Seiten, kartoniert

4 Wir spielen Kasperle-Theater

Die Bedeutung des Kasperle-Spiels, die Herstellung von Puppen und Bühne und zehn kleine Szenen. Von *A. Weissenberg-Seebohm, C. Taudin-Chabot* und *C. Mees-Henny*. Aus dem Holländischen von Arnica Esterl. 92 Seiten mit 7 farbigen und 56 schwarzweißen Abbildungen, kartoniert

5 Mit Kasperle durch das Jahr

Vier große Kasperle-Stücke, von *A. Weissenberg-Seebohm*. Aus dem Holländischen von Arnica Esterl. 56 Seiten, kartoniert

Werkbücher für Kinder, Eltern und Erzieher

6 Geometrische Körper aus Stroh selbstgemacht

Von *Walter Kraul*. 46 Seiten mit zahlreichen Abbildungen, kartoniert

7 Spielen mit Wasser und Luft

Von *Walter Kraul*. 70 Seiten mit zahlreichen Zeichnungen und Fotos, kartoniert

8 Spielen mit Feuer und Erde

Von *Walter Kraul*. 59 Seiten mit zahlreichen Zeichnungen und Fotos, kartoniert

9 Malen mit Wasserfarben

Von *Brunhild Müller,* 49 Seiten mit zahlreichen farbigen Abbildungen, kartoniert

10 Kinderbekleidung

Von *Ulrich Rösch* und *Traute Nierth*. 92 Seiten mit zahlreichen farbigen und schwarzweißen Abbildungen, kartoniert

11 Pflanzenfärben ohne Gift

Neue Rezepte zum Färben von Wolle und Seide. Von *Eva Jentschura,* mit Illustrationen von Heidi-Charlotte Geister. 56 Seiten mit zahlreichen Abbildungen, kartoniert

Verlag Freies Geistesleben

Arbeitsmaterial aus den Waldorfkindergärten

**Verlag
Freies Geistesleben**

Wir liefern Märchenwolle!

Die Wolle färben wir mit Pflanzenfarben, die wir durch Auskochen der entsprechenden Pflanzen gewinnen. Durch das Beizen wird die Wolle für die Färbung vorbereitet, wobei wir keine giftigen Schwermetallbeizen verwenden. Die Farbe zieht langsam und schonend auf die Naturfaser auf.

In der 100g- bzw. 50g-Packung ist Schafwolle in 15 schönen Farbtönen enthalten, mit der sich phantasievolle Märchenbilder gestalten lassen. Zur Ergänzung gibt es die 25g-Packung mit jeweils einer Farbe.

Preise, Stand August 1993: 100 g-Packung DM 19,60
50 g-Packung DM 11,-
25 g-Packung DM 5,50

Preise für Wiederverkäufer auf Anfrage

Bitte bestellen Sie bei: **Die Lebensgemeinschaft e.V.**

Färberei auf dem Richthof
D-36110 Schlitz-Richthof
Telefon (0 66 53) 14 51
Telefax (0 66 53) 14 55

Anerkannte Werkstatt für Behinderte

Übrigens: Wir stellen auch pflanzengefärbte Seidentücher, Wiegenhimmel und Strickgarne her.